François Charles

Horse & Brain

François Charles

Horse & Brain

Experts

Imprint

Cover image: www.ingimage.com

Publisher:
Éditions Vie
is a trademark of
International Book Market Service Ltd., member of OmniScriptum Publishing Group
17 Meldrum Street, Beau Bassin 71504, Mauritius

Printed at: see last page
ISBN: 978-613-9-58807-7

HORSE & BRAIN

François CHARLES

Ce livre est issu des booklets mémo NOVIAL INSTITUTE

Il va vous donner des mots, des images, des processus et certaines clés que vous connaissez peut-être par intuition et qui vous aideront à mieux comprendre certains mécanismes

Votre monture et vous deviendrez plus performants dans l'atteinte de vos objectifs.

Il vient en complément du livre et du booklet mémo HORSE & TYPE expliquant les clés de compréhension de fonctionnement à partir des typologies de personnalités assez voisines du cavalier et du cheval.

Il vient aussi en facilitation de l'accompagnement de votre coach sportif qui vous aide essentiellement sur la technique.

Vous pouvez bien entendu suivre une formation adaptée avec nos enseignants labellisés afin de mieux en comprendre les fondements et leurs applications.

Vous disposez d'une demi-page de notes pour inscrire vos impressions vécues lors de chaque situation pour adapter ces méthodes à votre ressenti et à votre comportement ainsi que celui de votre cheval.

HORSE & BRAIN ®

Les clés stratégiques, opérationnelles et mentales au profit du couple cavalier cheval

•**Parce que l'on se comporte souvent en équitation comme dans la vie, sachez maîtriser votre identité et votre approche globale pour mieux fonctionner dans votre sport favori comme dans votre univers personnel ou professionnel**

•**Et si vous désirez mieux maîtriser les techniques d'équitation allez d'abord voir votre coach sportif ! qui mettra sans doute à profit votre prise de conscience stratégique, opérationnelle et mentale**

1 Horse & Brain ® **NOVIAL** ® *facilitation stratégique et opérationnelle*

Introduction

- Depuis longtemps, de nombreux cavaliers et coach sportifs ont reconnu **l'intérêt de la préparation mentale**
- **Par son contenu et son format, HORSE & BRAIN ®** donne désormais au cavalier l'accès aux **outils de coaching professionnel et personnel de façon simple et efficace pour une mise en application pratique et permanente.**
- **Ce booklet mémo ® vous fait découvrir une boîte à outils mentale originale. Il vient en complément de HORSE & TYPE ® et en complément des modules de formation et d'accompagnement sur www.novialgroup.fr permettant de mieux assimiler et mettre en pratique ces méthodes**
- Vous apprendrez à **gérer votre stress et vos émotions, anticiper vos réactions**, rechercher du **potentiel**, de la **confiance** et de la **motivation.** Vous parviendrez à **vous adapter au changement**, prendre du recul pour mieux recueillir vos informations et mieux décider, exploiter vos **feed-back**, **renforcer vos points forts**, **penser positivement**.
- Vous pourrez utiliser de façon originale des **correspondances entre l'environnement du CSO, du concours complet, de l'endurance, votre quotidien et le monde de l'entreprise**
- **Et si vous désirez mieux maîtriser les techniques d'équitation pures... allez d'abord voir votre coach sportif** qui mettra sans doute à profit votre prise de conscience mentale

L'utilisation du cheval : du travail et de l'utilité...au plaisir

L'attitude civile conciliante a remplacé l'attitude militaire basée sur la force et la soumission

3 Horse & Brain ®

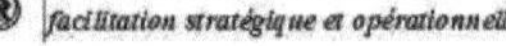

Transverses CSO ou avec d'autres disciplines – lus et entendus dans l'endurance

Quelques constats

Votre cheval n'est ni une moto, ni une voiture, ni un vélo… c'est un mammifère intelligent qui vit néanmoins sur ses peurs

Dans beaucoup de domaines, le mental représente plus d'importance que le physique et la mécanique mais il est trop peu pris en compte

Mais comme avec une moto, on peut choisir son type de cheval en fonction de l'épreuve muscles longs ou courts, finesse, robustesse mais aussi de son caractère ! Existe-t-il un profil idéal ? Faut-il savoir le gérer ou le sélectionner ?

L'endurance à pied c'est deux jambes, un corps et une tête. À cheval, tout est multiplié par deux

4 Horse & Brain ® NOVIAL ® facilitation stratégique et opérationnelle

Transverses CSO ou avec d'autres disciplines – lus et entendus dans l'endurance

Quelques constats

En cas de crise…le cheval peut lâcher prise ou assurer à votre place…

Les signes de reconnaissance sont toujours nécessaires et les énervement toujours néfastes

Dans la vie quotidienne, les couples qui fonctionnent sont soit identiques, soit complémentaires mais à l'écoute

« Le classement d'une course et le résultat final ne sont que l'aboutissement de votre écoute, de votre tact qui permettront à votre monture d'aller au bout, de se dépasser pour vous » Lucie Mercier

Dans l'échec, on entend trop souvent dire que c'est la faute du cheval…

Le cheval aussi a besoin de se ressourcer, de prendre des informations, de prendre des décisions et de s'organiser…

Parfois un cavalier moyen et un cheval moyen ont plus de résultat qu'un couple de champions qui ne parviennent pas à s'entendre

5 Horse & Brain ® NOVIAL ® facilitation stratégique et opérationnelle

Quelques constats

- L'important est de DURER. Un niveau de stress trop fort ou trop faible peut être un risque et engendre une trop grande variation de consommation d'énergie
- toute tension se répercute sur la monture = importance du travail sur soi MAIS importance aussi du ressenti du cheval dans l'effort = les trois zones de l'écoute active et du « branchement »
- Votre cheval vit sur ses peurs, il sentira si vous êtes blessé et pourra décider d'être bienveillant, Une attitude positive et sereine pourra donc a contrario le rassurer et l'aider à avancer en le mettant en confiance
- Désormais davantage de femmes de cheval que d'hommes de cheval

On peut réussir par intuition, on réussit mieux et plus rapidement avec méthode

Importance des transactions : les chevaux se côtoient dans tous les sports mais pas forcément au même moment. En endurance : ils peuvent courir ensemble, au polo, ils jouent ensemble, au CSO ils se préparent ensemble !

Le concept

- En tant que cavalier, vous pouvez vous approprier une méthodologie, un langage et une grille de lecture afin de mieux :
  - Comprendre votre mode de fonctionnement en situation normale
  - Comprendre vos réactions face à certaines situations
  - Identifier les axes d'efforts potentiels
  - Développer votre maîtrise et votre bien-être mental
  - Atteindre vos objectifs
  - Gérer votre stress et vos émotions, anticiper vos réactions
  - Rechercher du potentiel, de la confiance, reprendre de la motivation
  - Communiquer
  - Vous adapter au changement, innover
  - Prendre du recul pour mieux prendre vos décisions
  - Exploiter vos feed-back
  - Optimiser votre comportement
  - Renforcer vos points forts
  - savoir « marcher sur vos deux pieds » avant et pendant la compétition !
  - Mettre votre cheval en confiance
  - Le comprendre, le ressourcer et éviter de le perturber

9 Horse & Brain ®

HORSE & BRAIN : l'importance des méthodes stratégiques, opérationnelles et managériales

- Stratégie et tactique
- Création et exploitation du potentiel
- Objectif 64 ! Objectif -4
- SWOT et LCAG
- Éléments contrôlables ou non
- Le coup d'après
- PRAJI
- la ligne imaginaire
- Le bon objectif positif, SMART, GROW et les grilles de progression
- Le bilan après parcours
- Swich, recadrages et ancrages
- Maslow avant départ
- Deuil et coup de tamis
- Le branchement
- La gestion des émotions
- Les niveaux d'apprentissage
- Les niveaux logiques
- Les degrés d'autonomie
- Les jeux (MOI et Karpman)
- Les signes de reconnaissance
- Le doudou
- Position Méta
- 5S, 5M
- Gestion des risques
- visualisation

7 Horse & Brain ®

® facilitation stratégique et opérationnelle

Stratégie et tactique : où l'ennemi à surprendre et maîtriser est le terrain et non le cheval !

- Stratégie :
  - Qu'ai-je décidé de faire ?
  - miser sur le +4 ? Etre dans les 10 premiers à la fin du 2° jour ? Devenir champion du club ? Utiliser le CSO comme simple moyen de détente?
  - Pourquoi ? Quand ? En combien de temps ?
  - Pourquoi ?
  - De quels éléments puis-je disposer ?
  - Penser globalement
- Tactique :
  - Comment vais-je le faire ? Etre devant tout de suite ou les laisser partir ? Attaque frontale ou contournée ?
  - Avec quels moyens ? traditionnels ou différents ? adaptés à la situation ?
  - Pour quoi ?
  - Agir localement
  - Quels impacts pour le « coup d'après » ?

8 Horse & Brain ®

NOVIAL ®
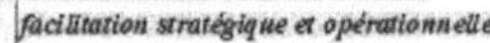
facilitation stratégique et opérationnelle

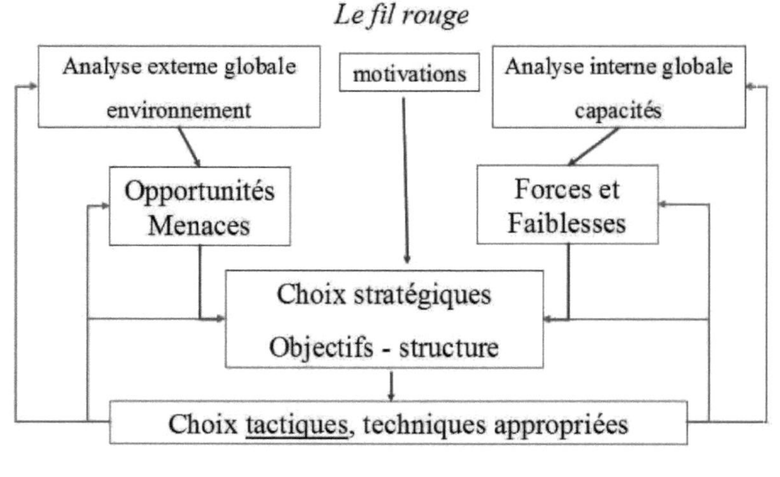
la démarche stratégique du cavalier (dérivé du LCAG)
Le fil rouge
Analyse externe globale
environnement
motivations
Analyse interne globale
capacités
Opportunités
Menaces
Forces et
Faiblesses
Choix stratégiques
Objectifs - structure
Choix tactiques, techniques appropriées
15
Horse & Brain ®
NOVIAL ®
facilitation stratégique et opérationnelle

Mes forces et mes atouts face au terrain et aux adversaires : le SWOT (exemples)

Évolutions clé de l'environnement / Forces et faiblesses	Distance plutôt longue	Dénivelés importants	Météo chaude	Possible Alimentation différente	Total +/ -
Principales forces	++++ ++ +++				...
Principales faiblesses	-- --				
+ -	Total +/-				

16 Horse & Brain ® NOVIAL ® *facilitation stratégique et opérationnelle* 

Le bon objectif POSITIF ! Quelle carotte pour votre monture ?

G. Définir un OBJECTIF global (GOAL), puis de PERFORMANCE à court et moyen terme

R. Examen de la REALITE et de la situation présente avec recherche d'adéquation

O. Recherche des OPTIONS possibles, des directions, des étapes

W. Définition des ACTIONS (WORKING), plan de travail à entreprendre avec % de chances de réussite

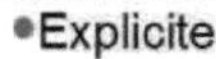

- Explicite
- Compris
- Pertinent
- Éthique
- Motivant
- Légal
- Écologique
- Adaptable
- enregistré

- S pécifique
- M esurable
- A ccessible
- R éaliste
- déterminé dans le Temps

10 Horse & Brain ® NOVIAL ® facilitation stratégique et opérationnelle

Les outils

D'autres méthodes d'atteinte d'objectifs et leurs questionnement

- PRAQ
  - Prise de conscience
  - Responsabilisation
  - Approbation bottom-up
  - Questionnement

- POCAREM
  - Positif
  - Observable et vérifiable
  - Contextualisé
  - Atteignable
  - Réalisable
  - Écologique
  - Motivant

- SWOT
  - Strengths (forces)
  - Weaknesses (faiblesses)
  - Opportunities (opportunités)
  - Threats (menaces)

- SCORE
  - Symptomes
  - Causes
  - Objectifs
  - Ressources
  - Effets atteints

11 Horse & Brain ®  ® facilitation stratégique et opérationnelle 

Grilles d'atteinte d'objectifs ou d'équilibre des efforts et de l'énergie

Zone de travail (exemples)	État actuel 0 à 10 Quantifi-cation	objectif	délai
Isolement Préparation amont	4 2 mn	6 5 mn	3 mois
Feedback parcours	6 1 x	9 2 X 5	
Objectif 64	5 30 mn	9 25 mn	
Éléments stressants	6 5 / compétition	8 3 / compéti tion	

- l'endurance est un travail d'approche globale
- la satisfaction qualitative, quantitative sur un secteur peut gommer le travail fourni ou à fournir sur un autre secteur

20 Horse & Brain ® NOVIAL ® facilitation stratégique et opérationnelle 

Échelle d'objectif individuel 1 à 10

Qualités (exemples)	État actuel	objectif	délai
Éléments contrôlables	6	8	3 mois
Pensée positive	6	9	
Bascule balance T /F	5	9	
Ancrages saut	6	9	
Nouvelles compétences avec le coach	5	7	
Résultats en compétition			

Réalisez votre tableau de satisfaction qualitative et quantitative et comparez les ! Vous découvrirez davantage vos zones de préférence (Horse & Type)

21 Horse & Brain ®

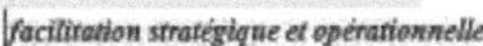

équilibre des efforts et de l'énergie : pourquoi je ne parviens plus à sauter

Zone de travail	État actuel	objectif	délai
préparation	6	8	3 mois
paddock	6	9	
branchement	5	9	
régulation	6	9	
récupération	5	7	
3 points	4	8	

l'équitation est un travail d' approche globale

la satisfaction qualitative, quantitative sur un secteur peut gommer le travail fourni ou à fournir sur un autre secteur

22 Horse & Brain ® NOVIAL ® facilitation stratégique et opérationnelle

Extrait des méthodes utilisées

Objectif « moins 4 », Objectif « 60 »,...

- ET SI...c'était VOUS qui sautiez ? combien de cavalier ont ils ou elles fait de l'endurance eux même en cross ou en marathon ?
- Quel serait votre rythme?
- Quelles responsabilités supplémentaires prendriez vous ?
- Vous « branchez-vous » avec votre cheval ?
- Prenez vous conscience des limites ? De l'effort ? Ressentez-vous celles de votre cheval ?
- En endurance, pour l'examen vétérinaire 30 mn Arriver c'est bien, avec un cheval capable de récupérer c'est mieux
- Comprenez vous et protégez vous du cheval avec perception des problèmes physiologiques et psychologiques liés au surmenage... :
- Que vous dit votre cheval en début de parcours ou au 13° obstacle ?

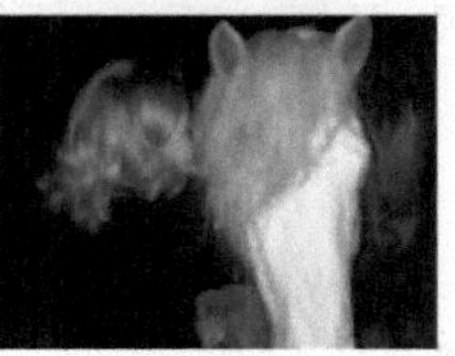

17 Horse & Brain ® NOVIAL ® facilitation stratégique et opérationnelle

Les éléments contrôlables

1. Votre caractère
2. votre niveau de stress
3. Votre matériel
4. L'équipement du cheval
5. Votre échauffement
6. Votre entraînement
7. L'entraînement du cheval
8. La technique
9. Votre respiration
10. Le contrôle de vos polarités de fonctionnement (ressources, informations, décision, anticipation)
11. Vos ancrages et techniques mentales
12. Votre attitude
13. Votre stratégie
14. Votre décision et la façon de la tenir
15. Votre alimentation
16. Votre posture
17. Votre vitesse de jeu
18. Le coup « d'après »
19. Le téléphone pour les nouvelles perturbantes..
20. La pulsation cardiaque

...

18 Horse & Brain ®

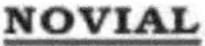

® facilitation stratégique et opérationnelle

Les éléments non contrôlables

a. La météo
b. Les partenaires désignés
c. La vitesse des autres
d. Les différents terrains
e. Les événements possibles sur le terrain
f. L'heure de départ
g. La victoire
h. ...

Les 5S: les règles d'or au Japon appliquées à l'équitation

- Les 5S correspondent aux initiales de 5 règles japonaises permettant optimiser la productivité et la qualité.
- **SEIRI : Débarrasser**
  - Cette opération consiste à garder sur le poste de travail uniquement ce qui est nécessaire et à éliminer tout le reste : **que gardez-vous dans votre sac ?**
- **SEITON : Ranger**
  - Vise à aménager le poste de travail de façon à réduire les gestes inutiles et à diminuer les pertes de temps : **Mes affaires ont-elles remises au bon endroit pour les retrouver facilement ?**
- **SEISO : Nettoyer**
  - Le but de l'opération est d'assurer la propreté du poste de travail en éliminant les causes de salissure ou de désordre : **dans quel état est votre matériel ?**
- **SEIKETSU : Tenir en ordre**
  - Définition des règles qui permettent de garder le poste de travail en ordre. **C'est la synthèse des 3 premières règles**
- **SHITSUKE : Respecter les règles**
  - C'est le rôle de la hiérarchie : le but est d'encourager et soutenir le personnel à adopter et maintenir les bonnes habitudes : **où en suis-je avec les contrôles ?**

45 Horse & Brain ® NOVIAL ® *facilitation stratégique et opérationnelle*

Diagramme d'ISHIKAWA (5M) d'identification des causes et des effets appliqué à l'équitation : il peut se produire ceci si je mets en œuvre cela

- *Les causes sont réparties dans les cinq catégories appelées 5M :*
- **MATERIEL**
  - Concerne la présence et e type d'***équipement dont vous disposez***
- **MATIERE**
  - Les ***matières premières qui constituent votre matériel, cuir ou synthétique ? vos vêtements ...***
- **METHODES**
  - Le mode opératoire et la recherche et développement apprise éventuellement avec le coach sportif
- **MAIN D'OEUVRE**
  - Vous, le personnel d'accueil et d'entretien, les partenaires
- **MILIEU**
  - L'environnement, le positionnement, le contexte.
- *Chaque branche reçoit d'autres causes ou catégories hiérarchisées selon leur niveau d'importance ou de détail.*
- *Cette simplicité apparente du diagramme permet ainsi l'implication de tous les acteurs de l'entreprise, de l'ouvrier jusqu'au directeur.*
- *Les entreprises de services utilisent une version étendue : c'est le diagramme 7M qui rajoute les catégories Management et Moyens financiers.*

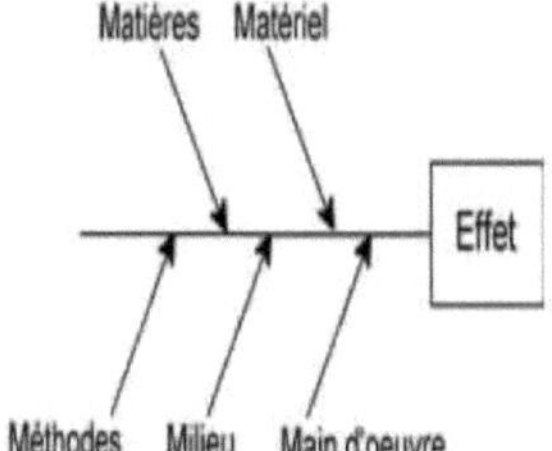

46 Horse & Brain ®   facilitation stratégique et opérationnelle

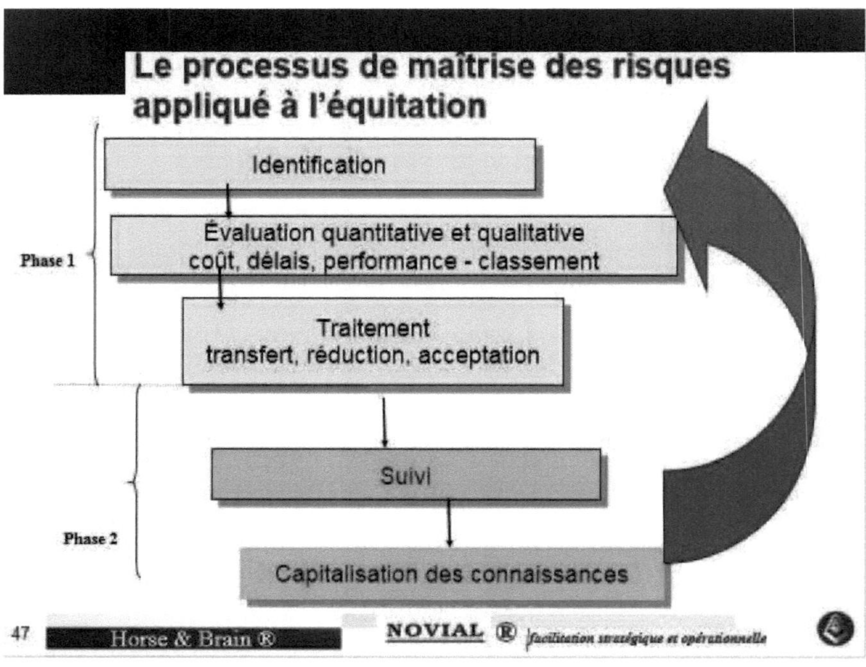
Le processus de maîtrise des risques appliqué à l'équitation
Identification
Évaluation quantitative et qualitative
coût, délais, performance - classement
Phase 1
Traitement
transfert, réduction, acceptation
Suivi
Phase 2
Capitalisation des connaissances
47
Horse & Brain ®
NOVIAL ®
facilitation stratégique et opérationnelle

Quelle est la probabilité de mordre au bidet ?

Grille d'évaluation

Probabilité				
Très faible	1		P <	5%
Faible	2	5%	< P <	20%
Moyen	3	20%	< P <	40%
Elevé	4	40%	< P <	60%
Très Elevé	5	60%	< P	

- Risque de coûter un point (C)?
- Risque d'augmenter le délai (D) de jeu et de consommer de l'énergie
- Risque de réduire ma performance (P) ?

48 Horse & Brain ® NOVIAL ® facilitation stratégique et opérationnelle

Évaluation qualitative: criticité

- Positionner chaque risque en fonction de sa probabilité d'occurrence et de son impact

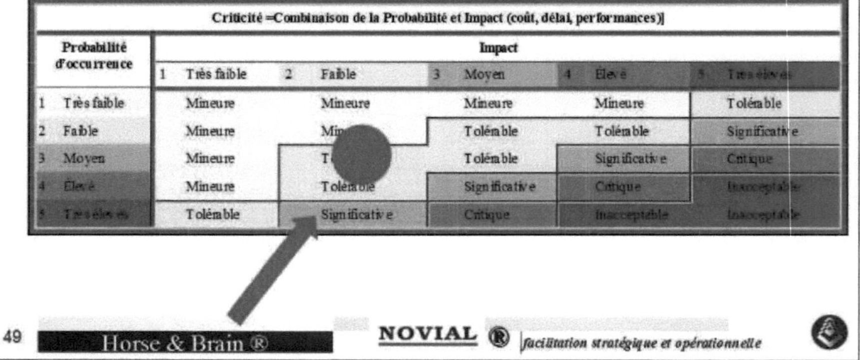

Criticité =Combinaison de la Probabilité et Impact (coût, délai, performances)]					
Probabilité d'occurrence	Impact				
	1 Très faible	2 Faible	3 Moyen	4 Élevé	5 Très élevés
1 Très faible	Mineure	Mineure	Mineure	Mineure	Tolérable
2 Faible	Mineure	Mi	Tolérable	Tolérable	Significative
3 Moyen	Mineure	T	Tolérable	Significative	Critique
4 Élevé	Mineure	Tolérable	Significative	Critique	Inacceptable
5 Très élevés	Tolérable	Significative	Critique	Inacceptable	Inacceptable

Où en suis-je aujourd'hui avec mon cheval et ma technique ?

« remise en question permanente
Dans quelle zone suis-je actuellement ? »

Exploitation du potentiel	faible	forte
forte	Zone de risque moyen terme : je n'apprends plus et joue avec mes acquis	Zone de performance durable
faible	Zone de défaillance	Zone de risque court terme : j'apprends sans suffisamment consolider

Création du potentiel (faible → forte)

50 Horse & Brain ® **NOVIAL** ® *facilitation stratégique et opérationnelle* 

Utilisation de l'analyse fonctionnelle pour l'Analyse Préliminaire de Risques

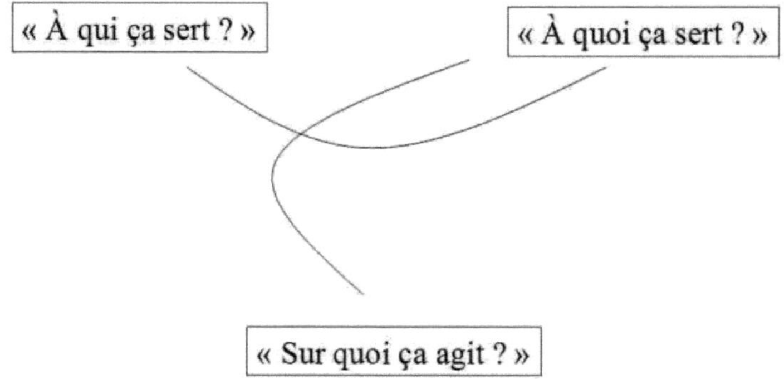

Quel va être le « coup d'après »
(quelques exemples)

- Regarder la tête haute pour anticiper
- Y a-t-il un danger derrière l'obstacle ?
- Mon cheval a touché avec l'arrière, va-t-il être anxieux ensuite ?
- Si je prends l'option courte, mon cheval va-t-il s'adapter pour l'obstacle suivant ?
- Si je le pousse au début du cross, va-t-il suivre à la fin et surtout pour les trois obstacles prioritaires ?
- En complet, faut il déjà tout donner à la première épreuve ?
- Vais-je traverser les plantes en option courte (polarité N) au risque d'y rester encore ou ne devrais je pas me recentrer ?
- Ne devrais je pas trouver mes questions et mes réponses plutôt qu'attendre que le terrain me les impose ?

51 Horse & Brain ® NOVIAL ® facilitation stratégique et opérationnelle 

Analyse transactionnelle cheval / cavalier

- Une certaine morale
- Il existe une autre autorité que celle de la violence
- car de toute façon que faire seul in fine avec un animal de plus de 500 kg ?
- Mêmes approches qu'humaine et davantage émotionnelle : Le cheval peut sentir deux jours avant que l'on part en compétition : soit il est excité, soit il ne mange plus = régler les problèmes comme avec les pers ! = demander un ressenti et un retour d'expériences des cavaliers
- Un cheval éjecte - et donc naturellement - une propriétaire qui ne cesse de lui dire qu'elle doit se séparer de lui = preuve de ressenti mais aussi preuve d'écoute ! = process comm
- Un cheval écoute et peut vous montrer le ressenti de son cavalier
- Puissance de l'écoute non verbale

12 Horse & Brain ® NOVIAL ® facilitation stratégique et opérationnelle

Le cadre de référence : nous ne voyons pas l'équitation tous et toutes de la même façon !

- Nous avons chacun nos lunettes, nos façons de voir les choses dans notre univers
- Comprendre l'univers quotidien et acquis
- La carte n'est pas toujours le territoire

13 Horse & Brain ® NOVIAL ®

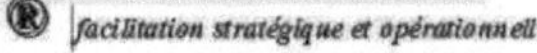

Le blason du cavalier : qui suis-je ? Qui est mon cheval ? (voir Horse & Type)

QUELLE EST MA DEVISE

Dessin libre	Comment je me vois
Ce que je déteste le plus	**Comment les autres me voient**

43 Horse & Brain ® NOVIAL ® facilitation stratégique et opérationnelle

l'importance de la vision partagée

- Quel âge donnez vous à cette femme ?
- Etes-vous disposé à faire confiance à ceux qui ne voient pas la même que vous ?
- Etes-vous disposé à admettre qu'il existe d'autres façons de voir, d'interpréter, de faire sans toutefois perdre votre identité ?
- Quels sont vos arguments ?

14 Horse & Brain ®

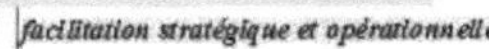

NOVIAL ® facilitation stratégique et opérationnelle

VISUALISEZ votre parcours

- Votre objectif est défini, votre chemin est trouvé, les jalons, obstacles et points de ressourcement identifiés...
- Visualisez votre action pour vous mettre dans la dynamique, comme le skieur en haut de la piste de descente
- Et regardez comme le cheval visualise ! N'hésitez à lui montrer le parcours en vrai mais aussi sur le papier

25 Horse & Brain ® NOVIAL ® facilitation stratégique et opérationnelle

Votre PR²AJI est-il équilibré avec les autres cavaliers et avec votre cheval ?

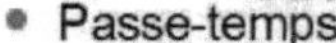

- Passe-temps
  - bavardages non impliquant, sur une action sans s'y engager, sans jouer
  - prendre un fruit sec sur le parcours puis... « ... on s'y remet ? » « on y retourne ? »
- Retrait
  - physique ou mental du contact avec les autres, souvent par besoin de repos ou de concentration
- Rituels
  - sociaux courants quasi programmés (dire bonjour avant et après le départ...)
  - « Se brancher » avec son cheval
  - Avant de partir, respecter la zone de réflexion avant le passage de la ligne imaginaire, « le passage du Rubicon » , rentrer dans sa bulle
  - Lors de l'épreuve, être vigilant sur les règles de comportement avec les autres cavaliers et chevaux
  - Après l'épreuve : s'occuper de son cheval, nettoyer son matériel et partager les moments vécus
- Activité
  - échange d'information avec concentration de l'énergie pour atteindre le but, la performance
- Jeux
  - d'apparence socialement correctes mais négatives cachées, manipulation émotionnelle
  - « alors ce stage au Maroc ?! » (toujours en train d'essayer de progresser celui-là...)
  - risque d'être pris dans l'engrenage de deux joueurs
- Intimité
  - franche, authentique, sans message caché : « j'ai un problème avec toi, je ne peux communiquer, je voulais que tu le saches... et donc bon parcours...»
  - besoin d'un moment de retrait dès qu'elle est vécue

23 Horse & Brain ®

NOVIAL ® facilitation stratégique et opérationnelle

Le BILAN après l'épreuve

- Quels ont été les trois éléments les plus marquants ?
- Si j'avais à « baptiser » cette épreuve, quelle serait la métaphore du jour ?
- Quels seraient
  - Les trois points les plus positifs à retenir ?
  - trois domaines d'amélioration potentielle sur lesquels me concentrer ?
- Mes objectifs étaient-ils SMART ? …

24 

® facilitation stratégique et opérationnelle 

Où en suis-je dans ma pyramide avant d'aborder le parcours ?

Besoin d'accomplissement

Besoin d'estime

Besoins sociaux

Besoin de sécurité

Besoins physiologiques primaires

26 Horse & Brain ® NOVIAL ® facilitation stratégique et opérationnelle 

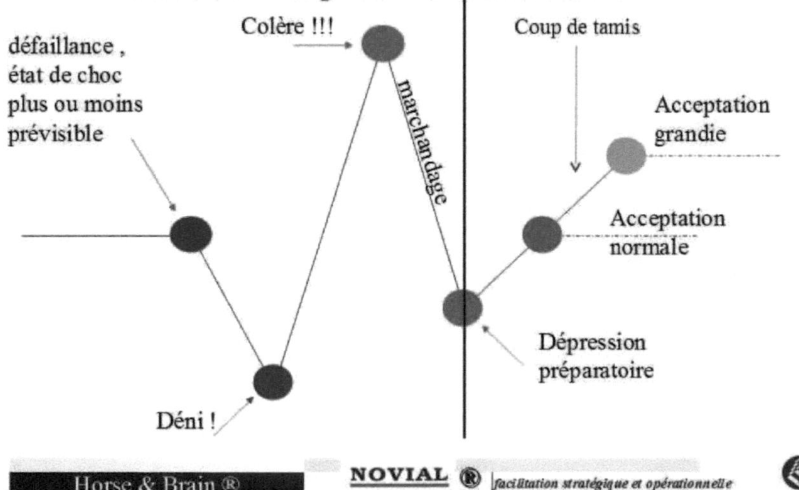
Les phases de deuil de l'épreuve, de l'obstacle mais aussi du vécu extérieur à oublier pour réduire les émotions négatives transmissibles
défaillance ,
état de choc
plus ou moins
prévisible
Colère !!!
marchandage
Coup de tamis
Acceptation
grandie
Acceptation
normale
Dépression
préparatoire
Déni !
27
Horse & Brain ®
NOVIAL ®
facilitation stratégique et opérationnelle

Les phases de deuil en détail

- Doivent être toutes vécues
- Perte d'un point
- État de choc : physique, émotionnel, mental, alimentaire..
- Déni : ce n'est pas moi qui ai joué, ce n'est pas possible…
- Colère : vers l'extérieur ou contre soi
- Marchandage : et si on réécrivait le trou…
- Dépression préparatoire : accepter la réalité
- Acceptation : apprendre à vivre avec
- Acceptation grandie : capitalisation du feed-back
- Et vous quel deuil avez-vous à faire ? Parcours mal visualisé? Barres non prévues? …..

28 Horse & Brain ® NOVIAL ® facilitation stratégique et opérationnelle 

POUR FINIR LE DEUIL : Le COUP DE TAMIS pour ne garder que ce qu'il y a de bon avant le branchement. Votre cheval vous remerciera certainement

En ayant soin de bien choisir sa grille !

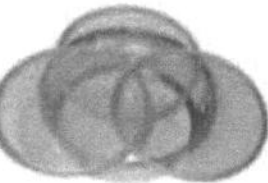

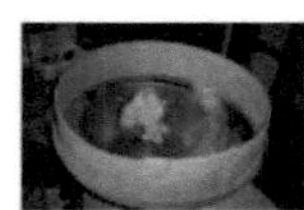

29  Horse & Brain ®  NOVIAL ®  facilitation stratégique et opérationnelle 

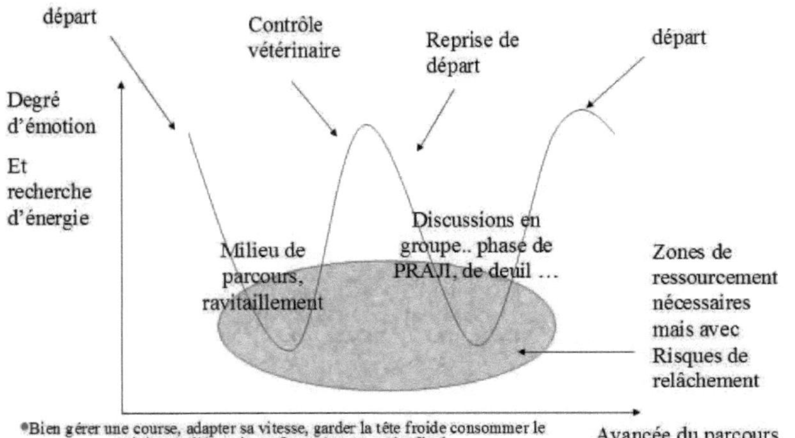
La courbe d'émotion et de gestion du stress
départ
Contrôle vétérinaire
Reprise de départ
départ
Degré d'émotion
Et recherche d'énergie
Milieu de parcours, ravitaillement
Discussions en groupe.. phase de PRAJI, de deuil …
Zones de ressourcement nécessaires mais avec Risques de relâchement
•Bien gérer une course, adapter sa vitesse, garder la tête froide consommer le minimum d'énergie sauf peut être au sprint final
Avancée du parcours
30
Horse & Brain ®
NOVIAL ®
facilitation stratégique et opérationnelle

Recadrages et ancrages pour la confiance

- Et si…
  - J'étais sur une plage, calme, non stressé ?
  - J'étais au chaud au soleil et non sous cette pluie fine qui me glace ?
  - J'étais dans la même situation que lorsque j'ai gagné ce contrat ?
  - J'étais … mieux classé ?
- Comment ferais-je ?

- Ancrages
  - Visuels
  - auditifs
  - Kynestésiques
- Un nom par ancrage
- Entretien permanent

Vous savez marcher sur une ligne au sol ? Pourquoi ne plus savoir si elle à 5 mètres de hauteur ? Pourquoi avoir peur d'une rivière ?

31 Horse & Brain ® NOVIAL ® facilitation stratégique et opérationnelle

Les niveaux logiques du cavalier

A / R

Niveau	Questions (possibilité d'utiliser le swot)
Environnement	Où et quand ai-je envie d'atteindre mon objectif ?
Comportements	Quels comportements dois-je mettre en œuvre dans cet environnement ? Que dois-je faire ?
Compétences, capacités	Que quoi ai-je besoin ? Qu'est ce qui m'aidera ? Comment m'y prendre pour atteindre cet objectif ?
Croyances, valeurs	Pourquoi l'atteindre ? Quelles sont les valeurs que je respecte ? Qu'est ce qui est important en le faisant ?
Identité de rôle, mission	Qui suis-je devenu en réalisant cet objectif ? Ai-je une mission ? Quelle métaphore serait appropriée?
Identité intégrée	suis je le seul concerné ? Quelle est ma vision désormais ? Quel sens cela apporte-t-il ?

32 Horse & Brain ® NOVIAL ® facilitation stratégique et opérationnelle

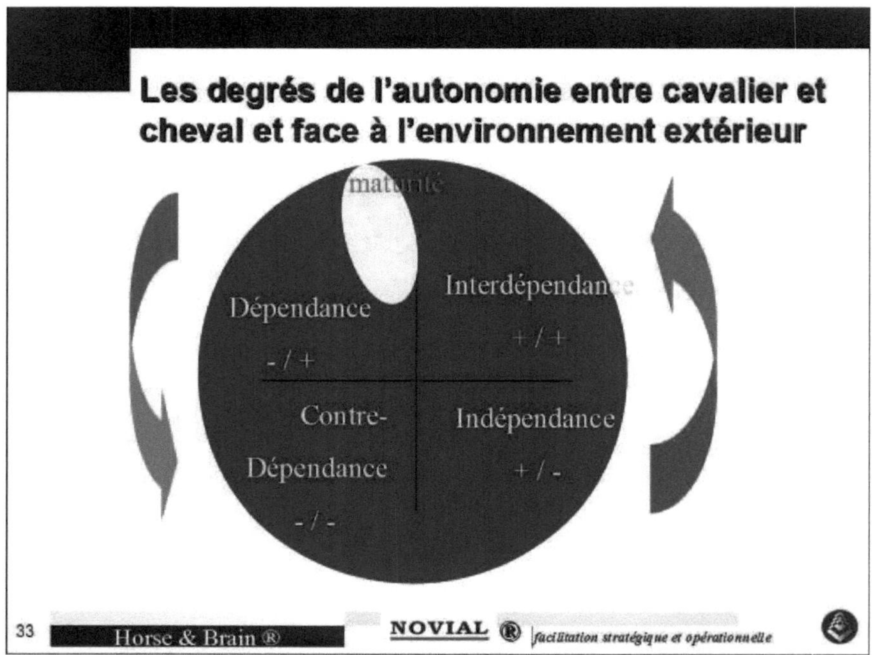
Les degrés de l'autonomie entre cavalier et cheval et face à l'environnement extérieur
Dépendance
- / +
Interdépendance
+ / +
Contre-
Dépendance
- / -
Indépendance
+ / -
33
Horse & Brain ®
NOVIAL ®
facilitation stratégique et opérationnelle

Les 4 niveaux d'apprentissage du cavalier
•Incompétence inconsciente
•Incompétence consciente
•Compétence inconsciente
•Compétence consciente
Performance faible
Performance améliorée
34
Horse & Brain ®
NOVIAL ®
facilitation stratégique et opérationnelle

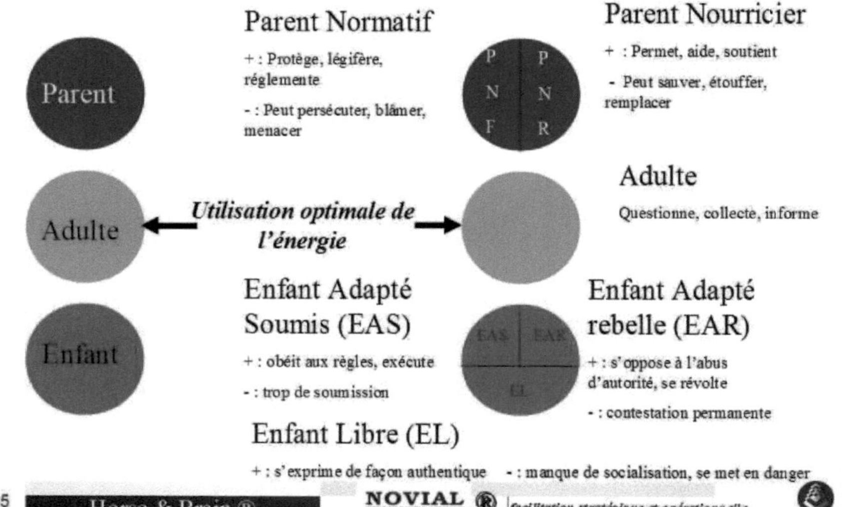
Les états du MOI du cavalier et du cheval
Parent Normatif
+ : Protège, légifère, réglemente
- : Peut persécuter, blâmer, menacer
Parent Nourricier
+ : Permet, aide, soutient
- Peut sauver, étouffer, remplacer
Parent
P N F
P N R
Adulte
Utilisation optimale de l'énergie
Adulte
Questionne, collecte, informe
Enfant
Enfant Adapté Soumis (EAS)
+ : obéit aux règles, exécute
- : trop de soumission
EAS
EAR
EL
Enfant Adapté rebelle (EAR)
+ : s'oppose à l'abus d'autorité, se révolte
- : contestation permanente
Enfant Libre (EL)
+ : s'exprime de façon authentique
- : manque de socialisation, se met en danger
35
Horse & Brain ®
NOVIAL ®
facilitation stratégique et opérationnelle

Les 5 contrats de confiance

PNF « non effondrement » engagement à ne pas rompre

PNR « protection de bienveillance »
respecter les émotions réciproques

« franchise, ouverture »
oser et savoir parler du problème jusqu'au bout

« souplesse, flexibilité » je capitule pour rester en liaison

« plaisir »

36  Horse & Brain ®  NOVIAL ® 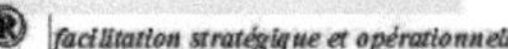 facilitation stratégique et opérationnelle 

Les 8 zones d'écoute active avec mon cheval (dérivé de V. Lenhardt)

Sais-je rentrer en relation avec mon cheval ? Suis-je en empathie?

environnement

cheval

Sommes nous en effort ?
Est-ce que je le choque ?
Qu'attend-il que je fasse ?
N'en fais je pas trop ?
Ne suis-je pas trop conciliant ?

Problème

44 Horse & Brain ® NOVIAL ® facilitation stratégique et opérationnelle

Comment devrait-je parler à mon cheval ?

...et au cavalier déçu par le contrôle véto ! (kahler communication France)

Type de personnalité	Canal + perception base	besoin psychologiques Phase	Baser l'échange sur :
Empathique	Nourricier + émctions	Rec. personne, sensoriel	La chaleur humaine
Travaillomane	Informatif, interrogatif + pensées	Rec. Travail + structuration du temps	La logique
Persévérant	Informatif, interrogatif + opinion	Rec. Convictions + travail	Les opinions
Rêveur	Directif + imagination / inaction	Solitude	L'incitation à l'action
Promoteur	Directif + actions	Excitation	L'action
rebelle	Ludique / émotif + réactions	Contacts	Le jeu, la plaisanterie

37 Horse & Brain ® NOVIAL ® facilitation stratégique et opérationnelle

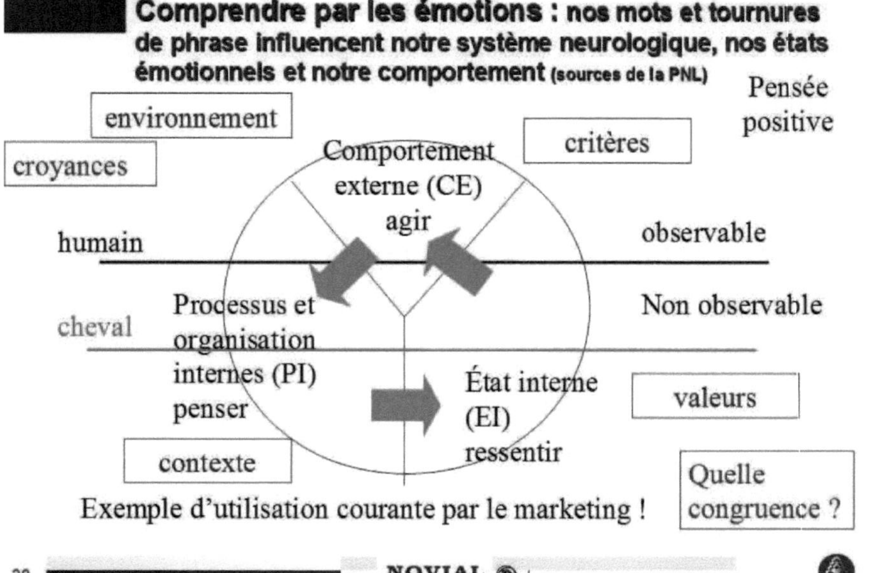
Comprendre par les émotions : nos mots et tournures de phrase influencent notre système neurologique, nos états émotionnels et notre comportement (sources de la PNL)
Pensée positive
environnement
croyances
Comportement externe (CE) agir
critères
humain
observable
cheval
Processus et organisation internes (PI) penser
Non observable
État interne (EI) ressentir
valeurs
contexte
Quelle congruence ?
Exemple d'utilisation courante par le marketing !
38
Horse & Brain ®
NOVIAL ®
facilitation stratégique et opérationnelle

Mon cheval cherche à me dire quelque chose faire face aux émotions, christine Chevalier

Stimulus - sentiment	Émotion « naturelle », les 4 émotions de base	Réponse adaptée de la part de l'environnement
Inconfort	Colère	Action réparatrice
Abandon	tristesse	Consolation
insécurité	peur	Réassurance, protection
satisfaction	joie	Contact, caresses

39 Horse & Brain ® NOVIAL ® facilitation stratégique et opérationnelle 

Si son émotion n'est pas entendue, il va en trouver une autre faire face aux émotions, christine Chevalier

Besoin	Émotion « générée » par la privation du besoin	Sentiment racket utilisé à l'âge adulte
Affection	Tristesse	Angoisse
Attention	Peur	Bouderie
Confirmation	Vide	Positivisme
considération	colère	colérisme

40 Horse & Brain ® NOVIAL ® facilitation stratégique et opérationnelle 

Les problématiques et leurs émotions appliquée à la PCM kahler communication France)

	Problématique	Émotion authentique	Émotion de substitution
Empathique	Colère	Colère	Tristesse
Travaillomane	Perte	Chagrin	Colère frustrée
Persévérant	Peur des responsabilités	Peur	Colère vertueuse
Rêveur	Autorité directive	Autorité et force	Se sentir insignifiant
Promoteur	Lien	Expérimenter, intimité	Vindicte, colère blâmante
Rebelle	Amour de soi, sens des responsabilités	Être désolé	Agressivité, colère blâmante

41 Horse & Brain ® NOVIAL ® | facilitation stratégique et opérationnelle 

Mais à quoi joue donc mon cheval ?

- Persécuteur ? Qui rend responsable les autres de ce qui leur arrive ? « Sans vos je pourrais…où as tu encore mis… je ne vais pas me laisser coincer, regarde ce que tu m'as fait faire…
- Sauveteur ? Qui infantilise, cherche à aider mais en fait crée un problème en donnant un soit disant remède en fait néfaste, « à votre place…je serais heureux de vous aider…que feriez vous sans moi…tu sais ce qu'elle a dit …? qu'as tu répondu ?…
- Victime ? qui s'arrange pour se faire repérer par le persécuteur et qui cherche un sauveteur, manie beaucoup le « oui … mais » pour qu'on lui fournisse la solution « j'essaie de faire de mon mieux, c'est affreux, je suis débordé, c'est toujours à moi que ça arrive…

persécuteur sauveteur

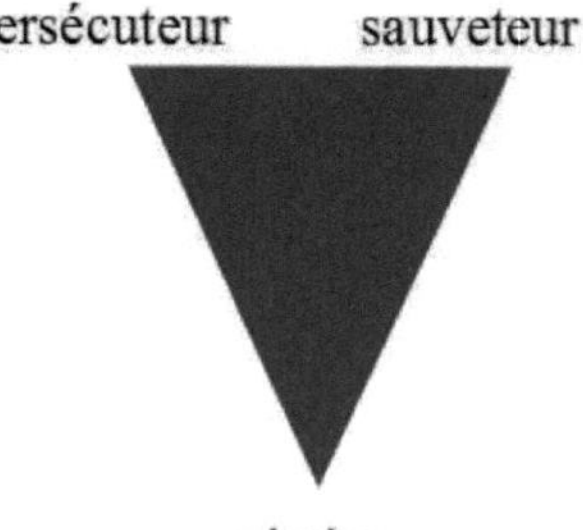

victime

42 Horse & Brain ®

NOVIAL ® facilitation stratégique et opérationnelle

Un objectif .. Positif !

+

- Le cerveau assemble des informations pour décrypter une réalité et entend d'abord positivement
- Si on ne peut tourner en positif, y trouver un substitut
  - Ex: je redoute cet obstacle = heureusement le prochain est plus facile

52 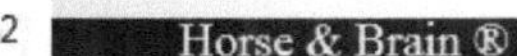

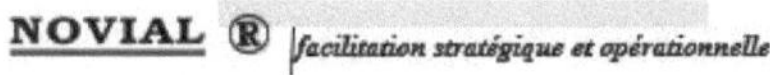

Quelle est ma façon d'obtenir de la reconnaissance pour nourrir positivement ma moelle épinière et me ressourcer ?

- je cherche une approbation
- je fais savoir que je suis le meilleur
- je prends la parole et interromps l'autre pour faire savoir que je suis l'expert en mon domaine
- je manie l'humour
- je me présente en me dévalorisant
- je séduis
- j'agresse
- je me mets en retard
- j'étonne
- je raconte des blagues
- je prends l'air triste

Issu de F. Délivré

54 Horse & Brain ®  NOVIAL ® facilitation stratégique et opérationnelle 

La nature des signes de reconnaissance

- Conditionnels
  - sur des faits précis
  - « vous jouez bien »
  - «Vous êtes à l'heure et j'apprécie »
  - « Ce parcours bâclé »
  - « vous avez fait trois putts »

- Inconditionnels
  - sur la globalité d'un ressenti
  - «je t'apprécie comme tu joues»
  - « J'aurais mieux fait de ne jamais jouer ni te rencontrer »
  - Si vous n'êtes pas content, allez voir ailleurs

55 Horse & Brain ®
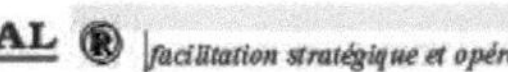

Comment utiliser un mouvement naturel pour donner au cerveau une image plus douce de l'obstacle : le SWICH !!

- chasser une image négative potentielle ou existante proche de la balle ou sur un obstacle par la propulsion d'une image positive, valorisante et grandissante
- Ajouter une ancre gestuelle et auditive
- Réaliser le geste de la courbe du deuil pour enlever les effets négatifs, faire le « resset » de l'ordinateur et le « refresh »

53 Horse & Brain ® NOVIAL ® facilitation stratégique et opérationnelle

Le doudou

- Pourquoi y a-t-il un doudou vers les chevaux ?
- Quel est celui de votre cheval ?
- Quel est le votre ?

56 Horse & Brain ®

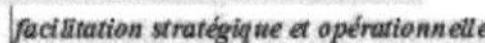

La position META du cavalier

- Et si je me regardais monter ?
- Serais je satisfait ?
- Que pourrais je corriger ?

57 Horse & Brain ® NOVIAL ® facilitation stratégique et opérationnelle

Et maintenant ?

- Apprenez à bien maîtriser ce module seul(e) ou en venant à nos séminaires
- Partagez vos expériences entre cavaliers mais aussi dans la vie quotidienne
- Revenez autant que possible sur les techniques de base de la découverte du couple cavalier cheval HORSE & TYPE

Gagnez 2 barres par concours

En équitation, comme au golf, le mental représente 90 %, le physique 8 % et la mécanique 2% ...

Horse & Type ®

Approche individuelle mais idéal pour construire un couple efficace cavalier-cheval

cavalier(ère) connais-toi toi-même !

03 80 57 38 42

découvrez votre type de personnalité et celui de votre cheval et utilisez le pour être plus efficace sur le parcours, avec votre monture et avec votre coach sportif

- vous comprendrez quels sont vos préférences de fonctionnement et vos points forts qui prouvent votre performance dans certaines situations
- vous tenterez de comprendre la personnalité de votre monture et d'analyser les liens avec vous pour une meilleure osmose dans l'effort
- vous comprendrez par contre quand et pourquoi vous êtes dans l'effort, qu'il peut être maîtrisé et être une voie d'efficacité pour vous rapprocher du profil idéal de performance
- vous comprendrez la notion de stress positif et négatif, la gestion d'énergie, ce que vous devrez idéalement faire avant et après l'épreuve
- vous sensibiliserez votre coach sportif sur vos préférences de fonctionnement pour un meilleur apprentissage

Approche coaching possible sur le terrain avec séances et tarifs spécifiques

méthodes pédagogiques: exposés théoriques simples, fils rouges pratiques, liens permanents entre les outils et les réalités de l'environnement considéré questionnaire, validation du profil, échange de groupe. Apprentissage interactif, mises en situation

outils pédagogique : utilisation du MBTI, modèle de Jung et indicateur le plus utilisé dans le monde – utilisation de l'Ennéagramme, modèle le plus ancien

supports pédagogiques : vidéo projection, tableau de papier, de blocs notes, de clés USB, booklet mémos ® NOVIAL approprié

Public : Toute personne intéressée par l'optimisation du couple cavalier/cheval avec la connaissance de soi

1 jour

Paris, Dijon, Lyon, Marseille

Intervenant : François CHARLES

Ou franchisé NOVIAL coach de pers. et d'équipes, certifié MBTI, ancien cavalier

Tarif sur demande

06 23 19 56 05

60 Horse & Brain ®   NOVIAL ® facilitation stratégique et opérationnelle

Gagnez 5 cm par an

Et si vous désirez maîtriser les techniques d'équitation.. allez voir votre coach sportif !

Horse & Brain ® 03 80 57 38 42

Approche d'entreprise appliquée
Pour des résultats garantis !

développez stratégie, tactique et mental en CSO, endurance et complet

découvrez les outils stratégiques, opérationnels et mentaux pour atteindre vos objectifs en CSO, endurance et complet

•savoir gérer le stress, les émotions, l'énergie, se mettre en confiance, faire « le deuil » des barres tombées ou des secondes dépassées avec le « coup de tamis » de reconstruction, réparer sa pyramide de Maslow

• savoir « se brancher » avec son cheval avant de monter pour un meilleur contrôle des énergies

• savoir prendre un moment de retrait, se concentrer, s'ancrer et se redonner des ressources

•stratégie et tactique, courbe d'évolution, techniques de définition, et d'atteinte d'objectif (GROW, SMART), de compréhension de processus (5S..), d'évaluation des risques (AMDEC)

• grilles de progression, éléments contrôlables et incontrôlables, SWOT de situation avant parcours, bilan après parcours, niveaux d'apprentissage, équilibre avec le parcours

Approche coaching possible sur le terrain avec séances et tarifs spécifiques

méthodes pédagogiques: exposés théoriques simples, fils rouges pratiques, liens permanents entre les outils et les réalités de l'environnement considéré questionnaire, échange de groupe. Apprentissage interactif, mises en situation

outils pédagogique : Formation à l'approche SPM ® NOVIAL adaptée à l'équitation : maîtrise d'outils de stratégie, de processus, de management, de psychologie et de PNL avec utilisation hors de leur application d'origine

supports pédagogiques : vidéo projection, tableau de papier, de blocs notes, clés USB, booklet mémos ®

Public : Toute personne intéressée par l'optimisation de ses performances en équitation

1 jour Paris, Dijon, Lyon, Marseille

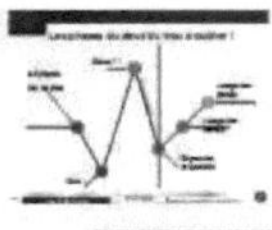

Intervenant : François CHARLES
coach de personnes et d'équipes,
créateur du modèle SPM®
ancien cavalier
Ou franchisé NOVIAL

Tarif: sur demande

06 23 19 56 05

61 Horse & Brain ® **NOVIAL** ® *facilitation stratégique et opérationnelle*

Enseignement individuel et collectif | Franchise géographique | *La force de la vision globale - L'effet de levier du vecteur humain*

Formation de formateurs HT & HB

- **Objectifs : être capable d'enseigner les modules Horse & Type et Horse & Brain de façon individuelle et collective à destination d'élèves désirant améliorer leurs performances**
- Formation au MBTI adapté à l'équitation : connaissance de soi, connaissance de l'élève et du groupe grâce aux profils de personnalité sur l'apprentissage, l'innovation, la communication, la motivation, le leadership; notions de préférences, de zones d'ombre, d'équilibre, de gestion du stress; maitrise du questionnaire
- Formation à l'approche SPM ® NOVIAL adaptée à l'équitation : maîtrise d'outils de stratégie, de processus, de management, de psychologie et de PNL avec utilisation en dehors de leur application d'origine
- Formation à la méthode NOVIAL pour mieux enseigner : préparation, déroulement et fin de séance
- notion d'approche tri-partite entre l'élève, lecoach sportif et le formateur GT&GB
- **méthodes pédagogiques:** exposés théoriques simples, liens permanents avec l'environnement considéré, échange de groupe, apprentissage interactif, mises en situation
- **supports pédagogiques** : vidéo projection, tableau de papier, de blocs notes, clés USB, booklet mémos ® NOVIAL approprié
- formation certifiante NOVIAL ®
- **Public** :
  - pour les coach sportif désirant compléter leur approche pour l'enseignement de l'équitation
  - pour les consultants pratiquant aussi le l'équitation mais acceptant de respecter la déontologie de ne pas enseigner la technique équestre
- Intégration dans un réseau de formateurs
- **Intervenant : François CHARLES coach certifié MBTI, ancien cavalier ou franchisé NOVIAL**
- ***Durée : 6 x 2 jours sur 3 mois***
- Lieu : Dijon (21) en salle et sur le terrain
- Tarifs HT : 2400 € hors restauration et hébergement

62 Horse & Brain ® **NOVIAL** ® *facilitation stratégique et opérationnelle*

Franchise géographique

En équitation comme au golf, le mental représente 90 %, le physique 8 % et la mécanique 2% ...

Formation de Coach HT&HB ®

- **Objectifs : être capable de réaliser des coaching professionnels ou personnels**
  - **pour des personnes également cavalières**
  - **ou pour des cavaliers professionnels**
  - **dans un objectif d'optimisation de l'identité, de la relation ou du management de la personne accompagnée**
  - **en utilisant les modules Horse & Type et Horse & Brain sans les enseigner**
- apprentissage de la posture de coach
- maîtrise des émotions, de l'écoute active,
- définition et atteinte d'objectifs
- questionnement type
- réparation, le ressourcement, la reprise des objectifs
- formation au MBTI adapté à l'équitation et au CSO
- formation à l'approche SPM ® NOVIAL adaptée à l'équitation et au CSO
- notions d'analyse et de communication transactionnelle, de PNL, de psychologie
- Recherche des liens permanents avec le monde de l'entreprise et/ou du quotidien
- **méthodes pédagogiques:** exposés théoriques simples, liens permanents avec l'environnement considéré, apprentissage interactif, mises en situation
- **supports pédagogiques** : vidéo projection, tableau de papier, de blocs notes, clés USB, booklet mémos ® NOVIAL approprié
- formation certifiante NOVIAL ®
- Formation au coaching préalable souhaitée CM1 et CM2 NOVIAL ou autre organisme
- Public :
  - pour les coach sportif désirant compléter leur approche par l'accompagnement en coaching sur et en dehors de l'équitation
  - pour les consultants pratiquant aussi le golf mais acceptant de respecter la déontologie de ne pas enseigner la technique équestre
- **Intervenant : François CHARLES coach professionnel, membre monde de l'ICF, ancien cavalier**
- **Ou franchisé NOVIAL**
- *4 x 2 jours sur 3 mois*
- Dijon (21) en salle et sur le terrain
- Tarifs HT : 1600 € hors restauration et hébergement

63 Horse & Brain ® NOVIAL ® facilitation stratégique et opérationnelle 

TABLE DES MATIERES

Introduction
Constats
Concept
Stratégie et tactique
SWOT
Atteintes d'objectif
Processus et risques
Le coup d'après
Analyse transactionnelle cavalier cheval
Le blason
La vision
Structuration du temps
La pyramide de Maslow du cavalier
Le deuil
Gestion du stress
Cadrages et recadrages
Les niveaux logiques
Les degrés d'autonomie
Niveaux d'apprentissage
Les Etats du MOI
L'écoute active
La communication
Gestion des émotions
Le triangle du jeu
Les signes de reconnaissance
Le SWICH
Le doudou
La position méta

TABLE DES MATIERES

Introduction	4
Constats	6
Concept	10
Stratégie et tactique	11
SWOT	13
Atteintes d'objectif	16
Processus et risques	19
Le coup d'après	29
Analyse transactionnelle cavalier cheval	30
Le blason	32
La vision	33
Structuration du temps	32
La pyramide de Maslow du cavalier	37
Le deuil	39
Gestion du stress	41
Cadrages et recadrages	42
Les niveaux logiques	43
Les degrés d'autonomie	44
Niveaux d'apprentissage	45
Les Etats du MOI	46
L'écoute active	48
La communication	49
Gestion des émotions	52
Le triangle du jeu	54
Les signes de reconnaissance	57
Le SWICH	58
Le doudou	59
La position méta	60

Printed by Books on Demand GmbH, Norderstedt / Germany